Género Fantasía

Pregunta esencial
¿Qué edificios conoces? ¿De qué están hechos?

La casa de Danilo

Vita Jiménez
ilustrado por Gaia Bordicchia

LECTURA COMPLEMENTARIA Casas sobre el agua....... 13

Él es Danilo y esta es su casa. A él le gusta vivir sobre el agua.

Danilo adora su casa. Baja y sube por el río.

Danilo se asoma contento. Vivir en el agua es estupendo.

Danilo se encuentra con su amigo Toni.

—¿Cómo estás, Toni? ¿Qué es eso?

—Hago una casa como la tuya. ¿Me das una mano? —dice Toni.

—¡Sí! —dice Danilo.

—¡Estupendo! —dice Toni—. Con tu ayuda mi casa será tan linda como tu casa.

Danilo y Toni terminan la casa.

—¿Ya está lista, Toni? —dice Danilo, ansioso.

—¡Sí, vamos! —dice Toni.

—Uno... dos... tres... ¡Salta, amigo! —dice Danilo.

Toni salta y...

¡Noooo!

¡La casa se desarma! ¡Toni cae al agua!

—¡Nada, Toni, nada! —le dice Danilo.

Danilo ayuda a su amigo.

Toni ya está bien.

—Deseo una casa tan linda como la tuya —le dice Toni a Danilo.

—Mira, amigo Toni. Mi casa es así...

Danilo y Toni ponen manos a la obra. Toni dice:

—¡Esta casa sí es como la tuya!

Respuesta a la lectura

Volver a contar

Vuelve a contar los sucesos de *La casa de Danilo* con tus propias palabras.

Personaje	Ambiente	Sucesos

Evidencia en el texto

1. ¿Quiénes son los personajes del cuento? Personaje, ambiente, sucesos

2. ¿Qué hace Danilo cuando Toni se cae al agua? Personaje, ambiente, sucesos

3. ¿Cómo sabes que este es un cuento de fantasía? Género

Género No ficción

Compara los textos
¿Qué puedes hacer en una casa como esta?

Casas sobre el agua

¿Esta es una casa? Sí.
¿Está sobre el agua? Sí.
¡Es una casa sobre el agua!

¿Puedes vivir en una casa sobre el agua? Tienen sala, baño y camas como las demás. Además, puedes pasear sin salir de casa.

Esta familia vive en una casa sobre el agua.

La cocina se parece a la de una casa.

La cama se parece a la de una casa.

Haz conexiones
¿En qué se parece vivir en una casa sobre el agua a vivir en una casa como la tuya? **El texto y otros textos**

Enfoque: Género

Fantasía Los cuentos de fantasía presentan personajes, ambientes o sucesos inventados que no podrían existir en la vida real.

Lee y descubre Los ratones de *La casa de Danilo* hablan, usan ropa y construyen cosas. Los ratones no hacen nada de eso.

Tu turno

Inventa un cuento sobre un animal que construye algo. ¿Qué construye? Escribe tus ideas y acompaña cada una con un dibujo.